AF356636

BERNARD

HISTOIRE POUR LES CHASSEURS

PAR ALEXANDRE DUMAS

e que je vais vous raconter n'est ni une nouvelle, ni un roman, ni un drame, c'est tout bonnement un souvenir de jeunesse, une de ces choses comme il en arrive tous les jours, et, si le récit prend quelque couleur, ce ne sera ni par l'art du narrateur, ni par le talent de l'historien, mais par le caractère exceptionnel de l'homme qui en est le héros.

Commençons par dire que cet homme était tout bonnement un garde forestier.

Je suis né au milieu d'une belle et giboyeuse forêt. Mon père, grand chasseur, me mit tout enfant un fusil entre les mains. A douze ans, j'étais déjà un excellent braconnier.

Je dis braconnier, parce que je ne chassais guère

qu'en cachette : je n'étais pas d'âge à obtenir un port d'armes, je n'étais pas d'importance à être invité chez les gens qui pouvaient s'en passer; enfin, l'inspecteur de la forêt de Villers-Cotterets, bon et excellent homme, à la mémoire duquel je garde un profond souvenir de l'amitié qu'il avait pour moi, qui était mon parent et qui m'aimait de tout son cœur, trouvant qu'il valait infiniment mieux, pour mon avenir, que j'expliquasse les *Géorgiques* et le *de Viris*, que de tuer des lapins au départ, ou de faire coup double sur des perdrix, avait intimé l'ordre à tous les gardes de la forêt de ne jamais, sans une permission expresse de sa part, me laisser chasser sur leurs garderies.

Et pourtant cela n'empêchait point que je ne chassasse, ou plutôt, comme je l'ai dit, que je ne braconnasse. Ma mère, qui partageait entièrement les opinions de l'inspecteur à mon égard, et qui, d'ailleurs, craignait sans cesse les accidents qui pouvaient m'arriver, tenait sous clef mon fusil et ne le laissait sortir que les grands jours, les jours de permission spéciale, les jours où, comme récompense du travail de la semaine, monsieur de Violaine (c'était le nom de l'inspecteur) venait me dire:

—Allons, Dumas, en route, mon ami; mais ne nous y habituons pas, c'est pour aujourd'hui seulement, et parce que l'abbé est content de toi. Ah! ces jours-là c'était grande fête. Je prenais ma carnassière, je passais mes longues guêtres de chasse, j'endossais ma veste de coutil, je jetais sur mon épaule un joli fusil à un coup qui venait de mon père, et je traversais fièrement toute la ville, côte à côte avec les chasseurs, au milieu des aboiements de nos meutes et des souhaits de toutes nos connaissances, qui nous regardaient passer du seuil de leurs portes et nous criaient : — Bonne chance!

Mais cette faveur spéciale arrivait une fois à peine par mois, et c'était bien triste de ne chasser qu'un jour sur trente; aussi, les vingt-neuf autres jours, j'avais trouvé moyen de substituer à mon fusil enfermé une autre arme de mon invention; c'était un long pistolet du temps de Louis XIV, auquel j'avais adapté une crosse. Le soir venu, je mettais la crosse dans ma poche, le canon sous ma veste, et je m'en allais innocemment, mon cerceau ou ma toupie à la main, pour qu'on n'eût aucun soupçon de l'escapade que je méditais; puis, lorsque j'étais hors de vue, je laissais dans un coin quelconque toupie ou cerceau, je prenais mes jambes à mon cou, je gagnais la lisière de la forêt, je me couchais à plat ventre dans les broussailles du fossé, je montais sur sa crosse mon pistolet chargé d'avance, et j'attendais.

Si un lapin avait le malheur de s'aventurer en plaine, à vingt-cinq pas autour de moi, c'était un lapin parfaitement mort.

Si c'était par hasard un lièvre, il va sans dire que c'était exactement la même chose. Un jour il sortit un chevreuil, et, je le dis bien bas, il en fut, ma foi, du chevreuil comme si c'eût été un lapin ou un lièvre.

Ces différentes pièces de gibier me servaient à faire des cadeaux à des braves gens de mes amis qui, pour que ces cadeaux se renouvelassent, m'entretenaient de leur côté de poudre et de plomb.

Puis, disons-le encore, presque tous les gardes de la forêt avaient chassé avec mon père, et gardaient un grand souvenir de sa libéralité. D'autres étaient d'anciens soldats qui avaient servi sous lui, et que, par son influence, il avait fait entrer dans l'administration forestière. En somme, tous ces braves gens, qui voyaient en moi des dispositions toutes particulières à être un jour aussi généreux que le *général* (c'était toujours ainsi qu'ils nommaient mon père), m'avaient pris en grande amitié. Aussi m'invitaient-ils parfois à faire des rondes avec eux sur leurs garderies; puis, lorsque leur chien de plaine tombait en arrêt sur quelque malheureux lapin au gîte, ils regardaient autour d'eux si personne ne nous voyait, me mettaient vite leur fusil entre les mains. Je m'avançais alors de l'autre côté du buisson sur lequel Castor ou Pyrame avait les yeux fixés; je donnais un coup de pied dedans; le lapin partait, et, presque toujours, c'était un lapin qui, après avoir passé la nuit dans un terrier, passait la soirée dans une casserole.

Au nombre de ces gardes, il y en avait un qu'on appelait Bernard, et, comme il habitait sur la route de Soissons, à une lieue et demie de Villers-Cotterets, une petite maison que monsieur de Violaine avait fait bâtir pour son prédécesseur, on l'appelait Bernard de la Maison-Neuve.

C'était, à l'époque dont je parle, c'est-à-dire en 1818 ou 1819, un beau garçon de trente-deux ans à peu près, à la physionomie franche et ouverte, aux cheveux blonds, aux yeux bleus, aux gros favoris encadrant admirablement son joyeux visage; du reste, admirablement pris dans sa taille, et devant à l'harmonie de ses membres une force herculéenne citée à dix lieues à la ronde.

Aussi Bernard était-il toujours prêt, et prêt à tout: le matin comme le soir, le jour comme la nuit, Bernard savait, à cinquante pas près, où baugeaient tous les sangliers de sa garderie; car Bernard était un de ces hommes qui, comme Bas-de-Cuir, peuvent suivre une piste pendant des heures entières. Lorsque le rendez-vous de chasse était à la Maison-Neuve, qu'on devait attaquer à un quart de lieue de là, et que l'animal avait été détourné par Bernard, on savait d'avance à quelle bête on avait affaire, si c'était un tiéran, un ragot, une laie ou un sanglier; si cette laie était pleine, et depuis combien de temps elle l'était. Le solitaire le plus rusé n'aurait pas pu lui cacher six mois de son âge. C'était merveilleux à voir, surtout pour les chasseurs parisiens qui nous arrivaient de temps en temps. Il est vrai que, pour nous autres chasseurs campagnards, qui avions fait les mêmes études que lui, mais qui étions restés dans des degrés inférieurs, la chose nous paraissait moins extraordinaire.

Bernard n'en était pas moins pour nous une espèce d'oracle.

Puis le courage conquiert vite une grande puissance sur les hommes. Bernard ne savait pas ce que c'était que la peur. Il n'avait jamais reculé devant ni homme ni animal qui fût au monde. Il allait relancer le sanglier jusque dans son bouge le plus profond ; il allait attaquer les braconniers jusque dans leurs retraites les mieux défendues. Il est vrai que, de temps en temps, Bernard revenait avec quelques coups de boutoir à la cuisse ou quelques chevrotines dans les reins. — Mais Bernard avait une façon de traiter ses blessures qui lui réussissait parfaitement. Il montait de sa cave deux ou trois bouteilles de vin blanc, tirait un de ses chiens de la niche, se couchait à terre sur une peau de cerf, faisait lécher sa plaie par Rocador ou par Fanfaro, et, pour réparer le sang perdu, avalait pendant ce temps-là ce qu'il appelait sa tisane. Le soir il n'y paraissait presque plus, et, le lendemain, il était parfaitement guéri.

Bernard m'aimait beaucoup, parce que, tout enfant, il avait chassé vingt fois avec mon père, et moi j'aimais beaucoup Bernard, qui me racontait toujours une foule d'histoires qui lui étaient arrivées à lui et à son oncle Berthelin, du temps du général.

C'était donc double fête pour moi quand M. de Violaine m'invitait, comme je l'ai dit, à quelque chasse, et que le rendez-vous de chasse était à la Maison-Neuve.

Nous partions alors certains de ne pas faire buisson creux, puis, au détour de cette belle route taillée au milieu de la forêt, nous apercevions de loin Bernard, debout sur le chemin, à quatre pas en avant de sa porte, son cor de chasse au poignet, et nous saluant d'un *lancer* ou d'un *hallali* plein de verve ; cela voulait dire que l'animal était à nous ou que nous serions des mazettes.

Puis, dans la maison, cinq ou six bouteilles de tisane, comme il appelait son vin blanc, des verres scrupuleusement rincés, un pain de dix livres, blanc comme la neige, nous attendaient. On mangeait un morceau, on faisait des compliments à madame Bernard sur son pain et sur ses yeux, et l'on se mettait en chasse.

Il faut dire que Bernard adorait sa femme, et sans motif aucun en était jaloux à la rage. Ses camarades le plaisantaient quelquefois là-dessus ; mais la plaisanterie était courte. Bernard devenait pâle comme la mort, puis, se retournant vers l'imprudent qui touchait imprudemment à cette plaie de son cœur, que la langue de ses chiens ne pouvait guérir :

— Tiens, lui disait-il, un tel, si j'ai un conseil à

te donner, tais-toi et tais-toi tout de suite, plus tôt tu te tairas, et mieux cela vaudra pour toi.

Et le mauvais plaisant se taisait aussitôt : ajoutons même que, de jour en jour, les allusions qu'on osait faire à la seule faiblesse de cet homme, si fort, devenaient plus rares et promettaient même, dans un temps très-court, de ne plus se renouveler du tout.

Un samedi soir, que j'étais occupé à donner à souper, sur le pas de notre porte, à deux éperviers que je nourrissais, et que je voulais absolument dresser à la chasse de l'alouette, M. de Violaine passa :

— Eh bien ! garçon, me dit-il, avons-nous bien travaillé cette semaine ?

— J'ai été le second en version.

— Bien vrai ?

Je lui montrai une petite croix d'argent que je portais fièrement à ma boutonnière, soutenue par un ruban rouge, et qui était la preuve incontestable de ce que j'avançais.

— Alors, monsieur le second, je vous invite à venir chasser le sanglier avec nous demain.

Je bondis de joie.

— Et où cela, cousin ?

— Chez Bernard, à la Maison-Neuve.

— Oh ! tant mieux, tant mieux ! nous aurons du plaisir.

— Je l'espère !

— Voilà donc comme vous le gâtez ? dit ma mère en paraissant sur le pas de la porte. Au lieu de m'aider à le guérir de cette malheureuse passion de la chasse, qui amène chaque jour tant d'accidents, vous lui en donnez le goût. Écoutez, je ne vous le confie qu'à la condition qu'il ne vous quittera pas.

— Soyez tranquille, je le placerai près de moi.

— Alors, à cette condition-là, c'est bien, dit ma pauvre mère, qui ne savait rien me refuser ; mais souvenez-vous que, s'il lui arrivait quelque malheur, ajouta-t-elle à voix basse, j'en mourrais de chagrin.

— N'ayez donc pas peur, dit M. de Violaine, c'est un gaillard qui sait son métier sur le bout du doigt. Ainsi, c'est chose convenue, entends-tu, garçon, à demain six heures.

— Merci, cousin, merci ; je ne me ferai pas attendre, allez.

Et je remis mes éperviers sur leur perchoir, pour m'occuper de la chasse du lendemain.

Ces préparatifs consistaient à laver le canon de mon fusil, à huiler les ressorts et à fondre des balles.

A six heures du matin nous partîmes ; tout le long de la route nous recrutâmes les gardes qui nous attendaient sur leurs garderies respectives ; enfin nous arrivâmes au détour de la route, et de loin nous aperçûmes Bernard, son cor de chasse à la main.

Le rendez-vous de chasse.

Il sonnait d'un air si joyeux et nous envoyait des notes si sonores, que nous ne doutâmes point que la chasse ne fût certaine. En effet, en arrivant à la Maison-Neuve, nous apprîmes que Bernard avait détourné vers la montagne de Dampleux, c'est-à-dire à une lieue de là à peu près, un magnifique tieran. — On appelle tieran, en terme de chasse, un sanglier arrivé au tiers de son âge.

M. de Violaine fit part alors aux gardes d'une lettre qu'il venait de recevoir de l'administration centrale des forêts de M. le duc d'Orléans. Cette lettre énu-

mérait les réclamations des propriétaires riverains de la forêt, lesquels se plaignaient des dégâts que causaient les sangliers, et contenait l'injonction la plus formelle de détruire ces animaux jusqu'au dernier.

De pareils ordres sont toujours bien reçus des gardes : le sanglier étant un gibier royal, ils n'ont pas le droit de tirer dessus, ou quand ils tirent dessus par hasard, c'est qu'on leur en demande pour la bouche. Alors le coup de fusil leur est purement et simplement payé douze sous, je crois. Mais, dans

Mona.

les cas de destruction, la bête appartient de droit à celui qui la tue, et un sanglier dans le saloir est, comme on le comprend bien, un fameux surcroît aux provisions d'hiver.

Il fut donc convenu que les chasses se continueraient jusqu'à l'extinction totale de tous les sangliers qui se trouvaient dans la forêt de Villers-Cotterets. Quant à moi, je n'étais pas moins content que les gardes, car il était évident que je m'accrocherais à quelques-unes de ces belles chasses.

Nous partîmes après avoir mangé le croûton de pain et bu le verre de vin blanc, non pas en faisant les *craques* ordinaires, qu'on me pardonne le mot, il est consacré entre chasseurs; chacun connaissait trop bien son voisin et était trop bien connu de lui pour essayer de lui imposer par quelques-uns de ces innocents mensonges dont les habitués de la plaine Saint-Denis rehaussent leur mérite ; mais en convenant, au contraire, avec une bonhomie parfaite, de l'adresse des plus forts. Or, les plus forts étaient Berthelin, l'oncle de Bernard, Mona, vieux garde, qui, quelque temps auparavant, s'était emporté le poignet gauche et qui n'en tirait que mieux pour cela, et un nommé Mildet, lequel, à balle surtout, faisait des choses surprenantes.

Il va sans dire que les maladroits étaient, de leur côté, raillés avec acharnement.

Parmi ceux-ci était un brave homme nommé Niquet, et surnommé, je ne sais pourquoi, Bobino, lequel avait la réputation d'être homme d'esprit, ce qui était vrai, mais lequel joignait à cette réputation celle d'être un des plus mauvais tireurs de la troupe, ce qui était encore vrai.

On racontait donc les prouesses de Berthelin, de Mona et de Mildet ; mais on raillait impitoyablement Bobino.

Ce à quoi Bobino répondait par les coq-à-l'âne les plus plaisants et les plus spirituels, auxquels son accent provençal donnait une allure des plus amusantes.

Arrivés à l'endroit où le sanglier était baugé, Bernard nous fit signe de nous taire. A partir de ce moment, pas un chuchotement ne se fit entendre. Alors Bernard fit part de son plan à l'inspecteur, lequel nous donna ses ordres à voix basse, et nous allâmes prendre nos places autour de l'enceinte que Bernard, avec son limier qu'il tenait en laisse, s'apprêtait à fouler.

Je demande bien humblement pardon de me servir de tous ces termes de chasse, ni plus ni moins que le baron des *Fâcheux* de *Molière*, mais eux seuls peuvent rendre la pensée, et, d'ailleurs, je les crois tous assez connus pour qu'ils n'aient pas besoin d'explication.

M. de Violaine tint parole à ma mère : il me plaça entre lui et Mona, me recommanda de me tenir complétement abrité derrière un chêne, puis, si je tirais sur le sanglier et qu'il revînt sur le coup, de m'accrocher à une grosse branche, de m'enlever à force des poignets et de laisser passer l'animal au-dessous de moi. Tout chasseur un peu expérimenté sait que c'est là la manœuvre généralement adoptée en pareille circonstance.

Au bout de dix minutes, tout le monde était à son poste ; le signal fut aussitôt donné. Au bout d'un instant, la voix du chien de Bernard, qui était tombé sur la piste, retentit avec une plénitude et une fréquence qui prouvaient qu'il approchait de l'animal. Tout à coup on entendit craquer les arbres du fourré. Je vis, pour mon compte, passer quelque chose ; mais, avant que je n'eusse épaulé, ce quelque chose avait disparu. Mona envoya son coup de fusil au juger ; mais il secoua lui-même la tête, en signe qu'il ne croyait pas avoir touché la bête. Puis, un peu plus loin, on entendit retentir un second coup de fusil, puis enfin un troisième, lequel fut immédiatement suivi du cri d'hallali, poussé du fond de ses poumons par la voix bien connue de Bobino.

Chacun courut à l'appel, quoique, en reconnaissant la voix de l'appelant, chacun pensât tout bas qu'il était dupe de quelque mystification de la part du spirituel loustic.

Mais, à notre grand étonnement à tous, nous aperçûmes, en arrivant sur la grande route, Bobino assis tranquillement sur le sanglier, son brûle-gueule à la bouche, et battant le briquet pour avoir du feu.

A son coup de fusil, l'animal avait roulé comme un lapin, et n'avait pas bougé de l'endroit où il était tombé.

On devine le concert de félicitations qui s'éleva autour du vainqueur, lequel prenait son air le plus modeste, et se contentait, toujours assis sur son trophée, de répondre entre des bouffées de fumée :

— Eh ! tron de l'air ! voilà comme nous carambolons ces petites bêtes, nous autres Provençaux.

En effet, il n'y avait rien à dire, le carambolage était parfait, la balle avait frappé derrière l'oreille ; Mona, Berthelin ou Mildet n'aurait pas fait mieux.

Bernard arriva le dernier.

— Que diable me chante-t-on, Bobino ! cria-t-il du plus loin qu'il put être entendu ; on me dit que le sanglier s'est jeté dans ton coup comme un imbécile !

— Qu'il se soit jeté dans le coup ou que le coup se soit jeté dans lui, dit le triomphateur, il n'est pas moins vrai que ce pauvre Bobino va avoir des grillades pour tout son hiver, et qu'il n'y aura que ceux qui pourront lui rendre la pareille qui seront invités à en manger chez lui. A part M. l'inspecteur, dit Bobino en ôtant sa casquette, lequel fera toujours infiniment plaisir et honneur à son très-humble, quand il voudra goûter de la cuisine de la mère Bobine.

C'était ainsi que Niquet appelait sa femme, attendu que, selon lui, Bobine était naturellement le féminin de Bobino.

— Merci, Niquet, merci, répondit l'inspecteur ; ce n'est pas de refus.

— Pardieu ! Bobino, dit Bernard, comme tu ne fais pas de ces coups-là tous les jours, il faut, avec la permission de M. de Violaine, que je te décore.

— Décore, mon ami, décore ! il y en a plus d'un qui l'a été, décoré, et qui ne le mérite pas tant que moi.

Et Bobino continua de fumer avec le flegme le plus comique, tandis que Bernard, tirant son couteau de sa poche, s'approchait de la partie postérieure du sanglier, dont il prit la queue, que d'un seul coup il sépara du corps.

Le sanglier poussa un grognement sourd.

— Eh bien ! qu'est-ce donc, petit ? dit Bobino, tandis que Bernard attachait la queue de l'animal à la boutonnière de son vainqueur, il paraît que nous tenions à ce bout de ficelle.

Le sanglier poussa un second grognement et gigotta d'une patte.

— Bon, dit Bobino, bon! nous essayons donc d'en rappeler, petit? Eh bien! tron de l'air! rappelons-en, voyons, et ce sera drôle.

Bobino avait à peine achevé ces paroles, qu'il roulait à dix pas de là, le nez dans la poussière et sa pipe brisée entre ses dents.

Le sanglier, qui n'était qu'étourdi, s'était relevé, rappelé à la vie par la saignée que lui avait faite Bernard, et, après s'être débarrassé du fardeau qui pesait sur lui, se tenait debout, mais chancelant encore sur ses quatre pattes.

— Ah! pardieu! dit M. de Violaine, laissez-le faire un peu; il serait curieux que celui-là en revînt.

— Tirez dessus! cria Bernard cherchant son fusil qu'il avait posé sur le revers du fossé pour procéder plus commodément à l'amputation qu'il venait d'exécuter si heureusement; tirez dessus, je connais les paroissiens, ils ont la vie dure; tirez dessus, et plutôt deux coups qu'un, ou il nous échappe.

Mais il était trop tard: les chiens, en voyant le sanglier se relever, s'étaient élancés sur lui; les uns le tenaient aux oreilles, les autres aux cuisses; tous, enfin, le couvraient si complètement, qu'il n'y avait pas une parcelle du corps de l'animal où l'on pût envoyer une balle.

Pendant ce temps, le sanglier gagnait tout doucement le fossé, entraînant avec lui toute la meute, puis il entra dans le fourré, puis il disparut, poursuivi par Bobino, qui s'était relevé, et qui, furieux de l'affront reçu, voulait à toute force en avoir raison.

— Arrête! arrête! criait Bernard; arrête-le par la queue, Bobino! Arrête! arrête!

Tout le monde se tordait de rire.

On entendit deux coups de fusil.

Puis, au bout d'un instant, on vit revenir Bobino l'oreille basse; il l'avait manqué de ses deux coups, et le sanglier avait repris chasse, poursuivi par tous les chiens, dont on entendait la voix s'éloigner rapidement.

Nous le chassâmes toute la journée, il nous mena à cinq heures de là; nous ne l'abandonnâmes que le soir, et nous n'en entendîmes jamais reparler, quoique Bernard eût fait savoir, non-seulement aux gardes de la forêt de Villers-Cotterets, mais encore aux gardes des forêts voisines, que, si quelqu'un d'entre eux, par hasard, tuait un sanglier sans queue, et qu'il tînt à l'avoir complet, il retrouverait cette queue à la boutonnière de Bobino.

Cependant, quoique la chasse eût été, sans contredit, plus amusante que si elle eût complétement réussi, elle n'avait aucunement rempli le but que se proposait l'inspecteur, puisqu'il avait reçu l'ordre de détruire les sangliers et non de les anglaiser.

Aussi, en se séparant de ses gardes, l'inspecteur indiqua-t-il une chasse pour le jeudi suivant, en donnant l'ordre de détourner, d'ici là, le plus de sangliers que l'on pourrait.

Or, comme le jeudi est jour de congé, j'obtins de M. de Violaine d'être non-seulement de la prochaine chasse, mais encore de toutes celles qui auraient lieu les jeudis et les dimanches.

Ce jour-là, le rendez-vous était fixé au Regard-Saint-Hubert.

Nous arrivâmes, M. de Violaine et moi, à l'heure militaire; tout le monde s'y trouvait avec la ponctualité habituelle; il y avait trois bêtes de détournées: deux ragots et une laie.

Il va sans dire que pas un garde ne manqua de demander à Bobino des nouvelles de son sanglier. Mais, à part la queue, qu'il avait eu le bon esprit de conserver à sa boutonnière, Bobino n'en avait reçu aucune notification.

Ce jour-là il y avait, comme nous l'avons dit, trois sangliers à attaquer: un sur la garderie de Berthelin, un sur la garderie de Bernard, un sur la garderie de Mona.

On commença par celui qui se trouvait le plus proche: c'était un des ragots détourné par Berthelin; avant qu'il ne sortît de l'enceinte, il fut tué par Mildal, qui lui roula une balle au travers du cœur.

On passa au second, qui était, comme nous l'avons dit, sur la brigade de Bernard. C'était à une petite lieue de l'endroit où avait été tué le premier. Bernard, selon son habitude, nous conduisit à la Maison-Neuve pour y boire un coup et manger un morceau, puis nous repartîmes.

L'enceinte fut formée. M. de Violaine, selon la promesse qu'il avait faite à ma mère, m'avait placé entre lui et son garde particulier, qu'on appelait François. Après François, venait Mona; puis, après Mona, je ne sais plus qui. Cette fois, nous avions affaire à la laie.

Bernard entra dans le taillis avec son limier; un instant après, le sanglier était lancé. Nous l'entendîmes venir, comme la première fois, faisant claquer ses mâchoires l'une contre l'autre. M. de Violaine, à qui il passa le premier, lui envoya ses deux coups, mais sans le toucher. Je lui envoyai le mien; mais, comme c'était le premier sanglier que je tirais, je le manquai aussi. Enfin, François fit feu à son tour et l'atteignit en plein corps; aussitôt la laie fit un retour à angle droit, et, avec la rapidité de la foudre, fondit sur celui qui avait tiré sur elle. François lui envoya son second coup presque à bout portant; mais, au même moment, François et le sanglier ne formèrent plus qu'un groupe informe. Nous entendîmes un cri de détresse; François était renversé

Une voix cria d'un accent impératif : « Ne bougez pas! »

sur le dos, la laie, acharnée sur lui, le fouillait à grands coups de groin. Nous nous précipitâmes tous pour courir à son secours; mais, à ce moment, une voix cria d'un accent impératif : « Ne bougez pas! » Chacun s'arrêta, immobile, à sa place. Nous vîmes Mona abaisser le canon de son fusil dans la direction du groupe terrible. Un instant le tireur demeura immobile comme une statue, puis le coup partit, et l'animal, frappé au défaut de l'épaule, alla rouler à quatre pas de celui qu'il tenait terrassé.

— Merci, vieux, dit François en se redressant sur ses jambes; et, si jamais tu as besoin de moi, tu comprends, c'est à la vie, à la mort!

— Ça ne vaut pas la peine, dit Mona.

Nous courûmes tous à François; il avait une morsure au bras, voilà tout; mais ce n'était rien en comparaison de ce qui aurait pu lui arriver; aussi, lorsqu'on se fut assuré du peu de gravité de la blessure, toutes nos exclamations tournèrent-elles en félicitations pour Mona. Mais, comme ce n'était pas la première fois que pareille chose lui arrivait, Mona reçut nos compliments en homme qui ne comprend

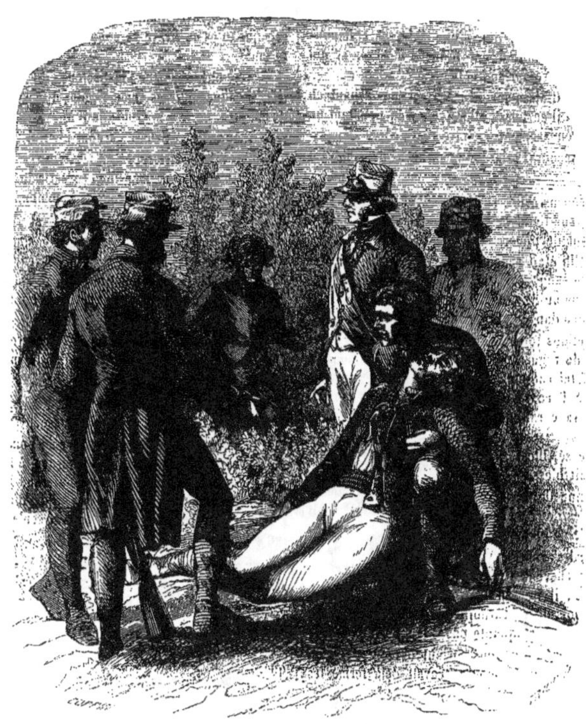

— Blessé! blessé! Qui est-ce qui a dit que mon oncle était blessé? — Page 10.

pas qu'on trouve extraordinaire une chose si simple, et, à son avis, si facile à exécuter.

Après nous être occupés des hommes, nous nous occupâmes de la bête. Elle avait reçu les deux balles de François, mais l'une s'était aplatie sur la cuisse, presque sans lui entamer la peau ; l'autre avait glissé sur sa tête et lui avait fait un sillon sanglant. Quant à celle de Mona, elle était entrée, comme nous l'avons dit, au défaut de l'épaule, et l'avait tuée roide.

On fit la curée, et on se remit en chasse, comme si rien ne s'était passé, ou comme si l'on avait pu prévoir qu'il arriverait, avant la fin de la journée, un événement bien autrement terrible que celui que nous venons de raconter.

La troisième attaque devait avoir lieu sur la garderie de Mona. Les mêmes précautions furent prises que dans les battues précédentes, l'enceinte fut formée. Cette fois, j'étais placé entre M. de Violaine et Berthelin ; puis Mona, à son tour, entra dans l'enceinte pour la fouiller. Cinq minutes après, la voix du chien nous annonça que le sanglier était lancé.

Tout à coup on entendit un coup de carabine, en même temps je vis un grès placé à quarante pas de moi, à peu près, voler en éclats ; puis j'entendis à ma droite un cri de douleur. Je me retournai, et j'aperçus Berthelin, qui, d'une main, se cramponnait en chancelant à une branche d'arbre, et qui appuyait l'autre sur son côté.

Puis il s'affaissa sur lui-même en se courbant en deux, puis il se laissa aller à terre en poussant un profond gémissement.

— Au secours ! criai-je ; au secours ! Berthelin est blessé.

Et je courus à lui, suivi par M. de Violaine, tandis que, sur toute la ligne, les chasseurs se rapprochaient de nous.

Berthelin était sans connaissance, nous le soulevâmes ; le sang coulait à flots d'une blessure qu'il avait reçue au-dessus de la hanche gauche ; la balle était restée dans le corps.

Nous étions tous autour du mourant, nous interrogeant du regard pour savoir lequel de nous avait tiré ce fatal coup de feu, quand nous vîmes sortir du fourré Bernard, sans casquette, pâle comme un spectre, sa carabine encore fumante à la main, et criant :

— Blessé, blessé ! qui est-ce qui a dit que mon oncle était blessé ?

Personne de nous ne répondit ; mais nous lui montrâmes de la main le moribond, qui vomissait le sang à pleine bouche.

Bernard s'avança, les yeux hagards, la sueur au front, les cheveux dressés sur la tête ; arrivé près du blessé, il poussa une espèce de rugissement, brisa le bois de sa carabine contre un arbre, et en jeta le canon à cinquante pas de lui.

Puis il tomba à genoux, priant le mourant de lui pardonner ; mais le mourant avait déjà fermé les yeux pour ne plus les rouvrir.

On fit à l'instant même un brancard, on posa le blessé dessus, puis on le transporta dans la maison de Mona, qui n'était qu'à trois ou quatre cents pas de l'endroit où l'accident était arrivé. Bernard marchait à côté du brancard, ne disant pas une parole, ne versant pas une larme, et tenant la main de son oncle. Pendant ce temps, un des gardes était monté sur le cheval de l'inspecteur et courait ventre à terre chercher un médecin à la ville.

Le médecin arriva au bout d'une demi-heure pour annoncer ce dont chacun se doutait déjà, c'est-à-dire que la blessure était mortelle.

Il fallait transmettre cette nouvelle à la femme du blessé. L'inspecteur se chargea de ce triste message et s'apprêta à sortir de la maison. Alors Bernard se leva, et s'approchant de lui :

— Monsieur de Violaine, lui dit-il, il est bien entendu que, tant que Bernard vivra, elle ne manquera de rien, pauvre chère femme ! et que, si elle veut venir demeurer chez moi, elle y sera reçue comme ma mère.

— Oui, Bernard, oui, dit M. de Violaine, oui, je sais que tu es un brave garçon ; allons, ce n'est pas ta faute.

— Oh ! oh ! monsieur l'inspecteur, dites-moi encore quelques paroles comme celles que vous venez de me dire. — Ah ! je crois que je vais pleurer.

— Pleure, mon pauvre garçon, pleure, dit M. de Violaine, cela te fera du bien.

— Oh ! mon Dieu, mon Dieu ! s'écria le malheureux en éclatant enfin en sanglots et tombant sur un fauteuil.

Rien ne m'a jamais ému au monde comme une grande force brisée par une grande douleur. La vue de cet homme, luttant contre la mort, m'avait moins impressionné que la vue de cet homme qui pleurait.

Nous quittâmes, les uns après les autres, cette chambre mortuaire, où il ne resta que le médecin, Mona et Bernard.

Dans la nuit Berthelin expira.

Le dimanche suivant il y avait chasse.

Le rendez-vous était à la Bruyère-au-Loup. L'inspecteur avait convoqué tous les gardes, à l'exception de Bernard ; mais, convoqué ou non, Bernard n'était pas homme à manquer à son devoir. Il arriva à la même heure que les autres, seulement il n'avait ni carabine ni fusil.

— Pourquoi es-tu venu, Bernard ? demanda M. de Violaine.

— Parce que je suis chef de la brigade, mon inspecteur.

— Mais du moment où je ne t'avais pas convoqué.

— Oui, oui, je comprends, et je vous remercie. Mais le service avant tout. Dieu sait si je donnerais ma vie pour que ce qui est arrivé ne fût pas arrivé. Mais quand je resterai à me lamenter à la maison, il n'en aura pas moins six pieds de terre sur le corps, pauvre cher homme ! Oh ! il y a une chose qui me tourmente, tenez, monsieur de Violaine, c'est qu'il est mort sans me pardonner.

— Comment voulais-tu qu'il te pardonnât ! il n'a pas su que c'était toi qui avais tiré ce malheureux coup de fusil.

— Non, non, il ne l'a pas su au moment de sa mort, pauvre cher homme ! mais il le sait là-haut... Les morts savent tout, à ce qu'on dit.

— Allons, Bernard, allons, du courage.

— Oh ! du courage, j'en ai, monsieur de Violaine. J'en ai, mais, voyez-vous, j'aurais voulu qu'il me pardonnât.

Puis se penchant à l'oreille de l'inspecteur :

— Il m'arrivera malheur, vous verrez, lui dit-il.
Et cela, parce qu'il ne m'a point pardonné.

— Tu es fou, Bernard.

— C'est possible, mais c'est mon idée...

—C'est bien, tais-toi, ou parlons d'autres choses.
Pourquoi n'as-tu pas pris un fusil ou une carabine?

— Parce que de ma vie, entendez-vous bien, de
ma vie, mon inspecteur, je ne toucherai ni carabine ni fusil.

— Et avec quoi tueras-tu le sanglier, si le sanglier tient aux chiens?

— Avec quoi je le tuerai? dit Bernard, avec
quoi?... Tenez, je le tuerai avec cela. Et il tira son
couteau de sa poche.

· M. de Violaine haussa les épaules.

— Haussez les épaules tant que vous voudrez,
monsieur de Violaine, ce sera comme cela. D'ailleurs, ce sont ces brigands de sangliers qui sont
cause que j'ai assassiné mon oncle. Eh bien! avec
mon fusil, je ne sentais pas que je les tuais, tandis
qu'avec mon couteau ce sera autre chose. D'ailleurs,
avec quoi égorge-t-on les cochons? avec un couteau Eh bien! un sanglier, ça n'est pas autre chose
qu'un cochon.

— Enfin, puisque tu ne veux entendre à rien, il
faut bien te laisser faire.

— Oui, laissez-moi faire et vous verrez.

— En chasse, messieurs, en chasse! dit l'inspecteur.

On attaqua comme d'habitude, mais cette fois,
quoique touché de trois ou quatre balles, le sanglier prit un grand parti, et ce ne fut qu'au bout
de quatre ou cinq heures de poursuite qu'il se dé-
cida à faire tête aux chiens.

Tout chasseur sait comment, fût-on harassé à ne
se tenir plus debout, la fatigue cesse au moment de
l'hallali. Nous avions, en tours et en détours, fait
plus de dix lieues; cependant, dès que nous entendîmes à la voix des chiens qu'ils étaient aux prises avec l'animal, chacun de nous retrouva ses for-
ces et se mit à courir vers le point de la forêt d'où
venait le bruit.

C'était dans une jeune coupe de huit ou dix ans,
c'est-à-dire que le taillis pouvait avoir douze pieds
de haut; à mesure que nous avancions le bruit re-
doublait et, de temps en temps, on apercevait, au-
dessus de la cime des arbres, un chien enlevé par
un coup de boutoir les quatre pattes en l'air, hur-
lant comme un désespéré, mais ne retombant à terre
que pour se jeter de nouveau sur le sanglier. Enfin,
nous arrivâmes à une espèce de clairière, l'animal
était acculé aux racines d'un arbre renversé; vingt-
cinq ou trente chiens l'assaillaient à la fois, dix ou
douze étaient blessés, quelques-uns avaient le ventre ouvert; mais ces nobles bêtes ne sentaient pas

la douleur, et revenaient au combat en piétinant
leurs entrailles traînantes; c'était à la fois magnifique et horrible à voir.

— Allons, allons, Mona, dit M. de Violaine, un
coup de fusil à ce farceur-là; il y a assez de chiens
tués, finissons-en.

— Hein! que dites-vous, monsieur l'inspecteur?
s'écria Bernard, arrêtant le canon de l'arme qu'a-
baissait déjà Mona. Un coup de fusil, un coup de
fusil à un pourceau! Allons donc! un coup de couteau, c'est bon assez pour lui. Attendez, attendez, et
vous allez voir.

Bernard tira son couteau, et se rua jusqu'au
sanglier, écartant les chiens, qui revinrent aussitôt;
et, se confondant à cette masse mobile et hurlante,
pendant deux ou trois secondes il nous fut impossi-
ble de rien distinguer; mais tout à coup le sanglier
fit un violent effort pour s'élancer; chacun portait
déjà la main sur la gâchette de son fusil, quand
tout à coup Bernard se releva, tenant l'animal par
les deux pieds de derrière, et le maintenant, malgré
tous ses efforts, avec le poignet de fer que nous
lui connaissions; tandis que les chiens, se rejetant
de nouveau sur lui, le recouvraient de leur corps
comme d'un tapis mouvant et bigarré.

— Allons, Dumas, me dit M. de Violaine, c'est à
toi, celui-là; va faire tes premières armes.

Je m'approchai du sanglier, qui, en me voyant
venir, redoubla de secousses, faisant claquer ses
mâchoires, et me regardant avec des yeux ensan-
glantés; mais il était pris dans un étau, et tous ses
efforts ne purent le dégager.

Je lui mis le bout du canon de mon fusil dans
l'oreille, et je fis feu.

La commotion fut si violente, que l'animal s'arra-
cha des mains de Bernard; mais ce ne fut que pour
aller rouler à quatre pas de là; il était mort. Balle,
bourre et feu, tout lui était entré dans la tête, et je
lui avais littéralement brûlé la cervelle.

Bernard poussa un éclat de rire.

—Allons, allons, dit-il, je vois qu'il y a encore
du plaisir à prendre sur terre.

— Oui, dit l'inspecteur; seulement, si tu y vas
de cette façon, mon brave, tu pourras bien ne pas
t'amuser longtemps. Mais qu'as-tu à la main?

—Rien, une égratignure; le gredin avait la peau
si dure, que mon couteau s'est refermé.

— Et, en se refermant, il t'a coupé le doigt, dit
monsieur de Violaine.

— Net, mon inspecteur, net! Et Bernard étendit
sa main droite, à laquelle manquait la première pha-
lange de l'index; puis au milieu du silence que cette
vue produisit, s'approchant de l'inspecteur :

— C'est trop juste, monsieur de Violaine, conti-
nua-t-il, c'est le doigt avec lequel j'ai tué mon
oncle.

Tout à coup Bernard se releva, tenant l'animal par les deux pieds de derrière. — PAGE 11.

— Mais il faut soigner cette blessure, Bernard.

— Soigner ça, ah bien ! voilà grand'chose ; s'il faisait du vent, ce serait déjà séché.

Et à ces mots, Bernard, rouvrant son couteau, fit la curée aussi tranquillement que si rien ne lui était arrivé.

A la chasse suivante il revint, non plus avec un couteau, mais avec un poignard en forme de baïonnette, qu'il avait fait exécuter sous ses yeux par son frère, armurier à Villers-Cotterets, et qui ne pouvait ni plier, ni se briser ni se fermer.

Cette fois, la scène que j'ai déjà décrite se renouvela ; seulement le sanglier resta sur la place, égorgé comme un cochon domestique.

Et puis il en fut ainsi à toutes les autres chasses; si bien que ses camarades ne l'appelaient plus que *le charcutier.*

Cependant tout cela ne lui faisait pas oublier la mort de Berthelin ; il devenait de plus sombre en plus sombre, et, de temps en temps, il disait à l'inspecteur :

— Voyez-vous, monsieur de Violaine, tout cela

— Ah ! ah ! dit-il en me voyant, te voilà, garçon ! tu arrives juste pour la chasse au loup.

n'empêche pas qu'un jour ou l'autre il m'arrivera malheur !...

Trois ou quatre ans s'étaient passés depuis les événements que nous venons de raconter ; j'avais quitté Villers-Coterets, et je revenais y passer quelques jours ; c'était au mois de décembre, et la terre était toute couverte de neige.

Après avoir embrassé ma mère, je courus chez M. de Violaine.

— Ah ! ah ! dit-il en me voyant, te voilà, garçon ! tu arrives juste pour la chasse au loup.

— S'il faut vous le dire, j'y pensais en voyant la neige, et je suis enchanté de ne pas m'être trompé dans ma prévision.

— Oui, on a connaissance de trois ou quatre de ces messieurs dans la forêt, et, comme il y en a deux sur la garderie de Bernard, je lui ai donné hier l'ordre de les détourner, en le prévenant que nous serions chez lui demain matin.

— A la Maison-Neuve, toujours?

— Toujours.

— Eh bien ! que devient-il, ce pauvre Bernard ? tue-t-il toujours des sangliers à coups de baïonnette ?

— Oh ! les sangliers sont exterminés depuis le premier jusqu'au dernier. Je crois qu'il n'en reste plus un seul dans la forêt. Bernard les a tous passés en revue.

— Et leur mort l'a-t-elle consolé ?

— Non ; le pauvre diable est plus sombre et plus triste que jamais. Tu le trouveras bien changé. J'ai pourtant fait avoir une pension à la veuve de Berthelin. Mais tout cela ne fait rien à son chagrin. Il est mordu au cœur. Avec cela, il est plus jaloux que jamais.

— Et toujours aussi injustement ?...

— C'est-à-dire que sa pauvre petite femme est un ange.

— Alors, c'est de la monomanie. Au reste, tout cela ne l'empêche pas d'être toujours un de vos bons gardes, n'est-ce pas ?

— Excellent.

— Et il ne nous fera pas faire buisson creux demain ?

— Je t'en réponds.

— C'est tout ce qu'il faut, le temps fera le reste.

— Le temps ne fera qu'empirer la chose, et je commence à croire, comme lui, qu'il lui arrivera malheur.

— C'est à ce point-là ?

— Ma foi oui ; quant à moi, j'ai fait tout ce que j'ai pu, et je n'aurai rien à me reprocher.

— Et les autres, comment vont-ils ?

— A merveille.

— Mildet ?

— Coupe toujours en deux les écureuils, à balles.

— Mona ?

— Nous avons chassé avant-hier ensemble, dans les marais de Coyolles, et il m'a tué dix-sept bécassines sans en manquer une.

— Et Bobino ?

— Bobino a fait faire un sifflet pour les chiens de la queue de son sanglier, et il déclare qu'il n'aura de repos, en ce monde et dans l'autre, que lorsqu'il aura remis la main sur le reste de l'animal.

— Alors, excepté Bernard, tout va bien ?

— Parfaitement.

— Ainsi, le rendez-vous ?...

— Est à six heures du matin, au bout des grandes allées.

— Nous y serons.

Je quittai M. de Violaine pour aller serrer la main à tous les vieux amis que j'ai conservés dans mon pays. Un des bonheurs de ce monde est d'être né dans une petite ville, dont on connaît tous les habitants, et dont chaque maison garde pour nous un souvenir. Moi, je sais que, lorsque je retourne, par hasard, dans ce pauvre petit bourg à peu près inconnu au reste du monde, je descends de voiture une demi-lieue avant d'être arrivé, puis je m'achemine à pied, reconnaissant les arbres de la route, parlant à chaque personne que je rencontre, et retrouvant une émotion jusque dans les choses insensibles et dans les objets inanimés. Je me promettais donc une grande fête de me retrouver le lendemain avec tous mes gardes.

Cette fête commença à six heures du matin. Je revis toutes mes vieilles figures avec du givre aux favoris, car, ainsi que je l'ai dit, il avait neigé la veille, et il faisait horriblement froid. Nous échangeâmes force poignées de main, puis nous nous mîmes en route pour la Maison-Neuve. Il ne faisait pas encore jour.

Arrivés à l'endroit appelé le Saut-du-Cerf, parce qu'un jour, que le duc d'Orléans chassait dans la forêt, un cerf s'élança par-dessus la route, encaissée en cet endroit entre deux talus ; arrivés, dis-je au Saut-du-Cerf, nous vîmes l'obscurité qui commençait à se dissiper. Au reste, le temps était excellent pour la chasse ; il n'était pas tombé de neige depuis douze heures, rien n'avait donc recouvert les brisées. Les loups, si on les avait pu détourner, étaient à nous.

Nous fîmes une demi-lieue encore, et nous arrivâmes en vue du tournant où Bernard avait coutume de nous attendre.

Il n'y avait personne.

Cette infraction à ses habitudes dans un homme aussi exact que l'était Bernard commença à nous inquiéter. Nous doublâmes le pas et nous arrivâmes au tournant, d'où l'on voyait la Maison-Neuve, à un kilomètre à peu près.

Grâce au tapis de neige étendu sur la terre, tous les objets, même à une distance assez éloignée, étaient parfaitement distincts. Nous voyions la petite maison blanche, à moitié perdue dans les arbres, nous voyions une légère colonne de fumée, qui, s'échappant de la cheminée, montait dans l'air; nous voyions un cheval sans maître, tout sellé et tout bridé, qui se promenait devant la porte ; mais nous ne voyions pas Bernard.

Seulement nous entendions ses chiens qui hurlaient lamentablement.

Nous nous regardâmes les uns les autres, en secouant instinctivement la tête, et nous doublâmes le pas. En approchant, rien ne changea.

Arrivés à cent pas de la maison, nous ralentîmes notre marche malgré nous. Nous sentions qu'en étendant la main nous allions toucher un malheur.

A cinquante pas de la maison, nous avions presque fait halte

— Cependant, dit l'inspecteur, il faut savoir à quoi s'en tenir.

Et nous nous avançâmes de nouveau, mais en silence, mais le cœur serré, mais sans dire une parole.

Et, nous voyant venir, le cheval tendit le cou de notre côté et se mit à hennir.

De leur côté, les chiens s'élancèrent contre les barreaux de leurs niches qu'ils mordaient à belles dents.

A dix pas de la maison, il y avait une flaque de sang et un pistolet d'arçon déchargé.

Puis de cette flaque de sang partait, en accompagnant des pas marqués sur la neige et qui rentraient à la maison, une trace sanglante.

Nous appelâmes : personne ne répondit.

— Entrons, dit l'inspecteur.

Nous entrâmes, et nous trouvâmes Bernard étendu à terre près de son lit, dont il tordait les couvertures entre ses mains crispées ; à sa tête, sur la table de nuit, étaient deux bouteilles, dont l'une vide et l'autre entamée ; il avait une large blessure au côté gauche, dont son chien favori léchait le sang.

Il était encore chaud et venait d'expirer il n'y avait pas dix minutes.

Voilà ce qui s'était passé ; nous le sûmes le lendemain par le facteur d'un village voisin, qui avait presque assisté à l'événement :

Bernard était jaloux de sa femme ; et quoique, comme nous l'avons dit, cette jalousie ne reposât sur rien, elle n'avait fait qu'augmenter. Il était parti à une heure. profitant d'un magnifique clair de lune, pour détourner les deux loups qui se trouvaient dans sa brigade.

Une heure après son départ, un messager était venu annoncer à sa femme que son père avait eu une attaque d'apoplexie, et demandait à la voir avant de mourir. La pauvre femme s'était levée et était partie à l'instant même, sans pouvoir dire où elle allait. Ni elle ni le messager ne savaient écrire.

En rentrant à cinq heures du matin, Bernard avait trouvé la maison vide. Il avait tâté le lit, le lit était froid ; il avait appelé sa femme, sa femme avait disparu.

— C'est bien, avait-il dit, elle a profité de mon absence, ne croyant pas que je rentrerais sitôt. Elle me trompe ; il faut que je la tue.

Il croyait savoir où elle était.

Il détacha ses pistolets d'arçon, il mit dans l'un quatorze chevrotines, et dans l'autre dix-sept. On retrouva quatorze chevrotines dans celui qui était resté chargé, et les dix-sept autres dans son corps.

Puis il alla seller son cheval, le fit sortir de l'écurie et l'amena devant sa porte. Alors il prit ses pistolets, en mit un dans la fonte gauche ; celui-là entra parfaitement.

Mais la fonte droite étant par hasard plus étroite, le pistolet trouva quelque difficulté à y prendre sa place. Bernard voulut l'y faire entrer de force.

Il prit la fonte d'une main, la crosse du pistolet de l'autre, et poussa violemment le pistolet dans la fonte.

La secousse fit détendre le ressort, le coup partit. Pour plus de commodité, Bernard tenait la fonte appuyée contre lui ; toute la charge pénétra dans le flanc gauche, lui brûlant et lui déchirant les entrailles.

Le facteur passait dans ce moment-là ; il accourut à la détonation. Le colosse était resté debout, cramponné à la selle.

— Mon Dieu ! qu'y a-t-il, monsieur Bernard ? demanda-t-il.

— Il y a que ce que j'avais prévu est arrivé, mon pauvre Martineau. J'ai tué mon oncle d'un coup de fusil, et je viens de me tuer d'un coup de pistolet.

— Vous tuer, vous, monsieur ? Vous n'avez rien.

Bernard se tourna de son côté ; ses habits brûlaient encore, et le sang coulait à flots.

— Oh ! mon Dieu ! que puis-je faire pour vous ? Voulez-vous que j'aille vous chercher un médecin ?

— Un médecin ! Qu'est-ce que tu veux qu'il y fasse ? Est-ce que le médecin a sauvé mon pauvre oncle Berthelin ?

— Mais, enfin, ordonnez-moi quelque chose !

— Va me chercher deux bouteilles de tisane à la cave et détache-moi Rocador.

Le facteur, qui souvent buvait le matin la goutte avec Bernard, prit la clef, descendit à la cave, tira deux bouteilles, alla détacher Rocador et rentra.

Il trouva Bernard assis devant une table et écrivant.

— Voilà, dit-il.

— C'est bien, mon ami, répondit le blessé ; pose les deux bouteilles sur la table de nuit, et va à tes affaires.

— Mais, Bernard...

— Va, te dis-je.

— Vous le voulez donc ?

— Oui.

— Au revoir.

— Adieu.

Le facteur était alors parti, tout courant, espérant que Bernard était blessé moins dangereusement qu'il ne l'était ; car comment, en voyant un tel sang-froid et une telle tranquillité, penser que l'homme qui les conserve est frappé à mort ?

Ce qui s'est passé après le départ du facteur, personne ne le sait.

Seulement, selon toute probabilité, Bernard avait bu ce qui manquait de vin dans les deux bouteilles.

Puis il avait voulu monter sur son lit; mais ses for-
ces lui avaient fait défaut : il était alors tombé à
terre, et il était mort dans la position où nous ve-
nions de le retrouver.

Un papier était sur la table.

Sur ce papier, d'une main encore ferme, étaient
écrites ces quelques lignes :

« Vous trouverez un des loups dans le bois Du-
quesnoy, l'autre a décampé.

« Adieu, monsieur de Violaine. Je vous avais b'en
dit qu'il m'arriverait malheur.

« Votre dévoué,

« BERNARD, garde-chef. »

Je vous avais bien dit que ce n'était ni une nouvelle, ni un drame, ni un roman, que j'allais vous
raconter, mais une simple catastrophe.

Seulement, cette catastrophe a, je vous le jure,
laissé dans mon esprit un ineffaçable souvenir

FIN.

Mort de Bernard.